Das Krippen-Jahreszeitenbuch

Mitmachgeschichten & Mitmachgedichte

Bildnachweis

Freepik.de
S. 65: brgfx

Gettyimages.de
S. 1: dvoriankin | S. 5: elenaleonova | S. 8: oluolu3 | S. 11: cisale | S. 13: terdpong pangwong | S. 15: Valeriy_G | S. 16: borchee | S. 19: stockakia | S. 22: Frankie_Lee | S. 26: Elena Yur'evna Gorina | S. 29: Ma_co | S. 30: saemilee | S. 33: Romona Robbins Photography | S. 34: amandasmith | S. 38: MarKord | S. 41: Georgette Douwma | S. 45: komisar | S. 46: FamVeld | S. 48: Miriam artgraphy | S. 52+53: lattesmile | S. 55: FARBAI | S. 57: Suefelberg | S. 59: PeopleImages | S. 64: stitch23 | S. 67: Logorilla | S. 69: Paul Souders | S. 71: tacojim | S. 73: PeterHermesFurian | S. 75: evgenyatamanenko | S. 77: undefined undefined | S. 79: Janista

Umschlag: Gettyimages.de/ Natalie_

Impressum

ISBN: 978-3-96046-116-6

Das Krippen-Jahreszeitenbuch
Mitmachgeschichten & Mitmachgedichte

Klett Kita GmbH
Rotebühlstr. 77
70178 Stuttgart
Internet: www.klett-kita.de

Redaktion	Myriam Bork, Anja Ulbrich
Redaktionelle Mitarbeit	Johanna Stotz
Autoren	Britta Bartoldus, Marion Bischoff, Kati Breuer, Kathrin Eimler, Heike König, Michaela Lambrecht, Margot Lindner, Leah Schäfer, Tina Scherer
Illustrationen	Alexandra Junge, Nadine Liesse
Umschlagillustration	Anke Dammann
Gestaltung und Satz	DOPPELPUNKT, Stuttgart
Druck	Grafik Media Produktionsmanagement, Köln

Kontakt
Telefon: 07 11 / 66 72 58 00
Telefax: 07 11 / 66 72 58 22
kundenservice@klett-kita.de

Gedruckt auf chlorfrei gebleichtem Papier.

Bibliografische Information der Deutschen Nationalbibliothek. Die Deutsche Nationalbibliothek verzeichnet diese Publikation in der Deutschen Nationalbibliografie. Detaillierte bibliografische Daten sind im Internet über http://dnb.d-nb.de abrufbar.

2. Auflage

Inhalt

Frühling

Sommer

Herbst

Winter

Liebe Leserinnen und Leser,

Kinder brauchen Bewegung. Sie lieben es, aktiv zu sein, und würden am liebsten die meiste Zeit des Tages herumspringen.

Gerade bei Krippenkindern ist dieser Bewegungsdrang besonders zu spüren. Für viele der Mädchen und Jungen ist es deshalb sehr schwierig, still zu sitzen und sich auf den Inhalt einer Geschichte zu konzentrieren.

Und genau hier setzen unsere Mitmachgeschichten und Mitmachgedichte an. Sie passen sich den Bedürfnissen der Jüngsten optimal an. Die Kinder hören eine Geschichte oder ein Gedicht und führen die dazu passende Aktion aus. Mal müssen sie gut aufpassen und bei bestimmten Wörtern etwas rufen, ein anderes Mal spielen sie Handlungen direkt nach.

Wollen Sie gemeinsam mit Ihren Kindern dem Osterhasen helfen, einen Ausflug mit dem Boot unternehmen, mit Gespenstern um die Wette tanzen oder ein Iglu bauen? Mit den Mitmachgeschichten und Mitmachgedichten in unserem Buch sind Sie für das ganze Jahr bestens ausgestattet.

Wir wünschen Ihnen und Ihren Kindern viele Freude!

Ihr Jahreszeitenbuch-Team

Frühling

Käferlein auf Wanderschaft

Mitmachgedicht

Alter: ab 1 Jahr
Dauer: 5 Minuten

Auf einer schönen Blume, da sitzt ein Käferlein.
Ganz rot mit schwarzen Punkten und es ist noch sehr klein.

Den Handrücken vor dem Körper nach oben halten.
Daumen und Zeigefinger der anderen Hand sitzen darauf.

Es krabbelt gleich nach oben und es macht keine Paus.
Es muss jetzt mal verschnaufen und ruht sich erst mal aus.

Auf der Schulter sitzen bleiben. Schwer schnaufen.

Danach, da geht es weiter, einen Bogen läuft es jetzt,
bis es sich dann schließlich auf die andre Seite setzt.

Einen Bogen um den Hals laufen und auf der zweiten Schulter ausruhen.

Jetzt hat es sich lang ausgeruht und ist wieder munter,
drum krabbelt unser Käferlein den Berg wieder hinunter.

Mit den Fingern über Brust und Bauch, ein Bein bis zu den Zehen hinunterwandern.

Idee: Leah Schäfer

Heute gibt es Obstsalat

Mitmachgedicht

Alter: ab 1 Jahr
Dauer: 5 Minuten

Heute gibt es Obstsalat,
weil jeder gerne Früchte mag.
In die Hände klatschen und freuen.

Als Erstes kommen Äpfel rein,
die schneid ich vorher lieber klein.
Das Apfelschneiden nachahmen.

Orangen schäl ich, eins, zwei, drei,
geschnitten sind sie mit dabei.
Das Schälen der Orangen nachstellen, die größeren Kinder in der Krippengruppe können die Zahlen eins, zwei und drei mit den Fingern zeigen.

Und das kann keiner ahnen:
so lecker sind Bananen.
Mit der Hand über den Bauch streichen und „Mmh!“ machen.

Heute gibt es Obstsalat,
weil jeder gerne Früchte mag.
Wieder in die Hände klatschen und freuen.

Idee: Tina Scherer

Wir gehen auf den Spielplatz

Mitmachgeschichte

Alter: ab 3 Jahren
Dauer: 15 Minuten

Heute ist das Wetter schön, da möchten alle Kinder gern auf den Spielplatz. Zuerst ziehen sie ihre Hausschuhe aus und stellen sie ordentlich nebeneinander.
Hausschuhe ausziehen und nebeneinanderstellen.

Danach muss jedes Kind seine Schuhe anziehen.
Auf den Boden setzen – erst das rechte, dann das linke Bein hochheben und die Schuhe anziehen.

Ist der Fuß auch richtig drin im Schuh?
Aufstehen – erst mit dem rechten, dann mit dem linken Fuß stampfen.

Das Schließen der Schuhe nicht vergessen!
Wieder hinsetzen – erst den rechten, dann den linken Fuß anstellen – Schuhe zubinden.

Jetzt schnell die Jacken anziehen und ab geht es nach draußen!
Jacken anziehen – auf der Stelle rennen.

Wer ist wohl als Erster bei der Schaukel?
Schneller rennen.

Leider gibt es nur vier Schaukeln, da müssen sich die restlichen Kinder etwas anderes suchen. Vier Kinder schaukeln jetzt.
Oberkörper vor und zurückbewegen.

Auf der Wippe geht es auf und ab.
In die Knie gehen und aufrichten.

An der Rutsche stehen die Kinder Schlange.
Hintereinander aufstellen – wer dran ist, macht mit den Armen eine Rutschbewegung und stellt sich wieder hinten an.

In der Sandkiste wird ein tiefes Loch gegraben.
Auf einen unsichtbaren Spaten treten – Erde auf einen Berg schaufeln.

Einige Kinder klettern auf das hohe Klettergerüst.
Festhalten und mit den Füßen steigen.

Idee: Kati Breuer

Wer auf einem Schaukeltier sitzt, schwankt hin und her.

Mit den Händen festhalten – nach allen Seiten schwanken.

Als die ersten Kinder schon ein wenig müde sind, tönt es plötzlich über den ganzen Spielplatz: MITTAGESSEN! Alle Kinder steigen von den Geräten herunter und rennen zum Haus.

Auf der Stelle rennen.

Bevor sie es betreten, putzen sie sich aber noch ordentlich die Schuhe ab.

Auf der Stelle mit den Füßen schlurfen.

Sie ziehen die Schuhe aus, hängen die Jacken auf

Auf den Boden setzen – Schuhe ausziehen – Jacke aufhängen.

und waschen sich die Hände.

Wasserhahn andrehen – Hände waschen und abtrocknen.

Dann setzen sie sich an den Tisch, geben sich die Hände und rufen: Wir wünschen uns einen guten Appetit!

Hinsetzen – sich die Hände reichen.

Hummelkonzert

Mitmachgeschichte

Alter: ab 3 Jahren
Dauer: 15 Minuten

Es ist Frühling geworden. Die Hummeln erwarten die ersten warmen Sonnenstrahlen und kommen auf die Wiese. Heinrich Hummel ist ein großer, dicker Hummeljunge. Er liebt es, bei Tagesanbruch durch das frische, zarte grüne Gras zu fliegen. Dabei kitzeln ihn die Spitzen immer so lustig am Bauch und er muss laut brummen.

Auch der alte Hubert Hummel kommt noch ab und an zur Wiese. Langsam fliegt er mit tiefem Gebrummel zum Blumentellerchen von Bauer Hans. Der ist ein großer Hummelfreund und stellt für die alten und schwachen Hummeln immer einen Schluck Zuckerwasser bereit. Wenn Hubert davon genascht hat, bleibt er noch ein bisschen sitzen und macht einen kleinen Mittagsschlaf.

Hanni und Helene Hummel, die zwei flotten Hummelmädchen, haben sich auch von der Sonne verführen lassen und sind zur Wiese gekommen. Die beiden haben sich die schönsten Blüten ausgesucht und von dem feinen Nektar genascht.

Als sie bei der großen Margerite in der Nähe des Blumentellerchens landen, hören sie ein tiefes Brummen und erschrecken sehr. „Pssst!", sagt Hanni zu Helene und Helene brummt ganz leise zurück: „Komm, lass uns schnell wieder wegfliegen!" Genau in dem Moment fliegt Heinrich Hummel durch die Gräser und ruft ganz laut: „Hallo Hanni, hallo Helene, ja seid ihr auch unterwegs in der Wiese?" „Pssssst!", rufen die beiden und jetzt hört auch Heinrich ein merkwürdiges Brummen. Gemeinsam folgen sie der tiefen krächzenden Stimme und entdecken den alten Hubert Hummel neben dem Blumentellerchen.

„Hallo, hallo … jemand zu Hause?", fragt Heinrich Hummel ganz vorsichtig. Ein letzter tiefer Brummer und der alte Hubert Hummel erwacht. „Hier gibt es leckeres Zuckerwasser, trinkt, so viel ihr wollt" ist sein erster Satz. „Das ölt eure Stimmen für ein prima Brummkonzert!", spricht er weiter, als die drei vom Blumentellerchen naschen. „Hmmm, lecker!", rufen sie, „das haben wir noch nie probiert." Und tatsächlich lässt sich's nach dem Zuckerwasser noch viel besser brummen als zuvor. Hanni und Helene Hummel brummen in den höchsten und schönsten Brummlagen, die sie haben, und Heinrich Hummel stimmt mit ein. Als der alte Hubert Hummel auch beginnt, klingt ein lustiges Frühlingsliedchen durch die Wiese.

Idee: Heike König

Da kommt der kleine Maulwurf aus seinem Hügel geschlüpft. „Ich bin zwar blind, aber meine Ohren hören da eine sehr schöne Musik!" Auch die Mäusefamilie ist von der Melodie des **Hummelgebrummels** aufgewacht. Die Regenwürmer haben sich bereits auf den Weg gemacht und folgen den wunderschönen Klängen der Hummeln.
Alle Tiere der Wiese kommen in Bewegung und folgen dem Gesang.

Als **Hanni, Helene, Heinrich** und **Hubert Hummel** in den schönsten Tönen brummen, merken sie, wie viele Zuhörer gekommen sind, und werden plötzlich stumm.
„Weiter, weiter", rufen die Mäuse, Maulwürfe, Regenwürmer und alle anderen Tiere. „Na gut, eins noch für euch!", sagt **Hubert Hummel**, der Älteste, und alle Tiere haben laut geklatscht.

Dann hat sich jede Hummel auf ein Gänseblümchen gesetzt und noch einmal zu brummen begonnen. „Wie schön!" und „Weiter so!" haben alle Tiere gerufen und als es dunkel wurde, haben sie gemerkt, wie lange sie schon miteinander fröhlich waren und das schönste **Hummelbrummkonzert** aller Zeiten hatten.

„Und zum Schluss noch ein Schlaflied für alle", hat **Heinrich** vom Gänseblümchen heruntergerufen. „Und morgen um zwölf treffen wir uns wieder zum Mittagskonzert", haben **Hanni** und **Helene Hummel** versprochen.

Und so kam es, dass über die ganze Frühlingszeit in der Wiese fast jeden Tag ein **Hummelbrummelkonzert** stattfand.

Und so geht's:
Immer mehrere Kinder übernehmen die Rolle von Hubert, Heinrich, Hanni und Helene Hummel. Immer wenn ihr Name gelesen wird, brummen die Kinder mit. Bei „Hummelgebrummel" oder „Hummelbrummkonzert" brummen alle Kinder mit.

Osterhasen-Helfer

Mitmachgeschichte

Alter: ab 2 Jahren
Dauer: 10 Minuten

Olli Osterhase hat ein Problem. Alle seine Helfer haben einen fürchterlichen Schnupfen bekommen. Hatschi!
Niesen.

Olli muss all die Eier und Schokohasen alleine verstecken. „Wollt ihr ihm dabei helfen?"
Alle rufen: „Ja!"

Dann befüllen wir zuerst die Körbe mit den bunten Eiern. Aber seid vorsichtig. Nicht dass sie zerbrechen.
Vorsichtig einzelne Eier in einen großen imaginären Korb legen. Mehrmals wiederholen.

Habt ihr alle Eier verstaut? Dann kommen noch die Schokoladenhasen hinein.
Wieder mehrmals Dinge in den Korb packen.

Jetzt ziehen wir den Korb, wie einen Rucksack, auf den Rücken. Puh, ist der schwer.
Den Korb auf den Rücken ziehen, dabei stöhnen.

Und los geht's. Wir verstecken die Leckereien. Hinter einem Baum, neben einem Strauch oder in einem Blumentopf.
Immer wieder in den Korb greifen und Eier herausholen. Diese dann an verschiedenen Orten verstecken.

Jetzt sind die Körbe leer. Osterhase Olli ist sehr glücklich und schenkt jedem seiner Helfer zum Dank ein buntes Osterei. Guten Appetit!
So tun, als würde man ein Ei aufklopfen, schälen, Salz drüberstreuen und hineinbeißen.

Idee: Leah Schäfer

Herzlich willkommen!

Mitmachgeschichte

Alter: ab 2 Jahren
Dauer: 10 Minuten

Im Hühnerstall in einem kuscheligen Nest, da liegt ein Ei.
Mit beiden Händen ein Ei formen und auf den Boden legen.

Mama Huhn hat sich daraufgesetzt und brütet es aus. Sie wartet und wartet.
Auf die Knie setzen.

Da – plötzlich knackt es. Und noch einmal und noch einmal. Das Küken im Ei bewegt sich. Es reckt und streckt sich.
Den Oberkörper auf die Schenkel legen. Dann langsam die Arme und Beine in alle Richtungen strecken.

Dann beginnt es, mit seinem Schnabel die Eierschale aufzupicken.
Den Zeigefinger vor dem Mund ausstrecken und hoch und runter bewegen.

Jetzt hat es schon ein kleines Loch hineingepickt. Es bewegt sich wieder hin und her. Das Loch wird immer größer.
Auf den Knien sitzen und sich mit dem Oberkörper hin und her drehen.

Jetzt ist das Ei ganz aufgeplatzt.
Mit beiden Händen seitlich die Eierschale wegdrücken.

Mama Huhn sieht ihr Kind nun endlich und nimmt es unter die Flügel.
Herzlich willkommen, kleines Küken!
So tun, als würde man etwas vom Boden aufheben und liebevoll an sich drücken.

Idee: Leah Schäfer

Frühlingsblumen

Mitmachgeschichte

Alter: ab 2 Jahren
Dauer: 5 Minuten

Lara und Mama gehen spazieren.
Durch den Raum gehen.

„Schau mal, Lara, da vorn ist eine Blumenwiese. Wollen wir ein paar Blumen pflücken?"
Mit dem Finger in die Ferne zeigen.

„Au ja!", jubelt Lara. Sie gehen zur Wiese.
Die Arme nach oben strecken und jubeln. Danach wieder durch den Raum gehen.

Vorsichtig gehen sie über die Wiese und schauen sich um. Sie wollen ja keine Blume zertrampeln.
Langsam und vorsichtig durch den Raum gehen, dabei nach links und nach rechts sehen.

Lara staunt. So viele bunte Blumen auf einmal hat sie noch nie gesehen. Sie bückt sich und pflückt eine Blume ganz unten am Stängel ab.
Umsehen. Danach in die Hocke gehen und mit der Hand am Boden eine imaginäre Blume pflücken.

„Schau mal, Mama!", ruft Lara. „Ich habe hier eine rote Blume." Lara hält die Blume hoch und bringt sie zu ihrer Mutter. Mama legt die Blume in ihren Korb.
Einen Arm hochhalten. Danach durch den Raum gehen und so tun, als würde man eine Blume übergeben.

Idee: Leah Schäfer

Danach will sie eine gelbe Blume pflücken. Schon hat sie eine gefunden. Lara bringt die gelbe Blume zu ihrer Mutter.

Wieder in die Hocke gehen und mit der Hand am Boden eine imaginäre Blume pflücken. Danach durch den Raum gehen und so tun, als würde man eine Blume übergeben.

Jetzt ist sie auf der Suche nach einer lila Blume. Ah, da drüben ist ja eine. Ruck, zuck ist auch diese Blume gepflückt und in Mamas Korb.

Wieder umsehen, dann in die Hocke gehen und mit der Hand am Boden eine imaginäre Blume pflücken. Danach durch den Raum gehen und so tun, als würde man eine Blume übergeben.

Lara entdeckt eine weiße Blume und bringt auch diese ganz vorsichtig zu den anderen Blumen.

Wieder umsehen, dann in die Hocke gehen und mit der Hand am Boden eine imaginäre Blume pflücken. Danach durch den Raum gehen und so tun, als würde man eine Blume übergeben.

Als Letztes will sie noch eine pinkfarbene Blume haben. Sie läuft über die Wiese und schaut sich um. Ah, da ist ja eine. Lara bückt sich und pflückt sie.

Wieder umsehen, dann durch den Raum gehen. Anschließend in die Hocke gehen und mit der Hand am Boden eine imaginäre Blume pflücken. Danach durch den Raum gehen und so tun, als würde man eine Blume übergeben.

Jetzt gehen Mama und Lara nach Hause und stellen ihre Blumen in eine Vase. Was für ein schöner bunter Frühlings-blumenstrauß.

Durch den Raum gehen. So tun, als würde man Blumen aus dem Korb in eine Vase stellen. Danach anschauen und ein zufriedenes Gesicht machen.

Material
- Pinsel
- Fingerfarben

Frühlingsblumen am Fenster

Gestalten Sie mit den Kindern bunte Blumenfenster. Dazu bemalen die Mädchen und Jungen die Handflächen mit Fingerfarben und drucken ihren Handabdruck an die Scheibe. Anschließend noch mit dem Pinsel einen Stängel und Blätter hinmalen. Fertig ist die Blumenwiese.

Wichtel Waldemar und seine Blumen

Mitmachgeschichte

Alter: ab 3 Jahren
Dauer: 15 Minuten

Wichtel Waldemar wohnt auf einer Wiese. Er wohnt gern hier. Aber er lebt hier ganz allein. In seinem kleinen Garten hat er besonders schöne Blumen angepflanzt und sie beginnen gerade zu blühen.

Als er nach ihnen sehen will, hört er plötzlich eine Stimme: „Bitte, bitte, gib mir Wasser, ich habe solchen Durst!"

Wie kann das nur sein, hat er denn in diesem Jahr Zauberblümchen in seinem Garten? Waldemar wird neugierig: „Hast du gerade mit mir gesprochen, **gelbes Blümchen**?"
„Oh wie schön, du hast mich gehört. Ich bin so traurig, weil ich gleich verwelke. Ich brauche dringend Wasser!"
„Und ich bin so traurig, weil ich so einsam bin und keine Freunde mehr habe", antwortet Waldemar. Er gießt einen großen Schluck Wasser an die Wurzeln.

„Vielen herzlichen Dank, jetzt geht es mir schon viel besser! Wollen wir Freunde sein?"
„Aber ja, warum nicht", sagt Waldemar. Die **roten Blümchen** freuen sich und fragen den Wichtel: „Waldemar, willst du auch unser Freund sein?" „Aber natürlich, gerne", ruft Waldemar. Lange reden sie miteinander.

Plötzlich ruft das **blaue Blümchen**: „Darf ich auch zu euch kommen, dann bin ich nicht so alleine?" „Na klar!", haben sie gerufen.

Den ganzen Sommer hat sich Waldemar um die Blumen gesorgt, ihnen Wasser gegeben und ihre Blätter zurechtgelegt. Dafür waren sie jeden Tag für ihn da. Sie haben mit ihm über viele Geschichten gelacht und geweint und sind beste Freunde geworden.

Eines Tages jedoch kommt ein **stürmischer Wind** und die schönen Blütenblätter fallen alle ab. Waldemar ist sehr traurig. Doch mit einem letzten Freundschaftsgruß rufen ihm seine Blümchen zu: „Sei nicht traurig, vergiss uns nicht, im nächsten Jahr kommen wir wieder – versprochen ist versprochen!"

Idee: Heike König

Und so geht's:

Die Kinder sitzen in einem Kreis. In der Mitte mehrere Chiffontücher als Wiese/Garten auslegen. Die Kinder erhalten gelbe, rote und blaue Stoffblüten. Diese legen sie beim Lesen der Wörter „gelbe Blume", „rote Blume" oder „blaue Blume" in die Mitte. Wenn der „stürmische Wind" kommt, blasen die Kinder die Blüten fort.

Ostereier suchen

Mitmachgedicht

Alter: ab 2 Jahren
Dauer: 5 Minuten

Gerade bin ich aufgewacht,
weil draußen schon die Sonne lacht.

Sich strecken.

Ihre Strahlen kitzeln in meinem Gesicht,
noch länger schlafen will ich nicht.

Sich im Gesicht kitzeln.

Ich stehe schnell auf und ziehe mich an.
Zuerst sind Hose und T-Shirt dran.
Dann noch die Strümpfe und die Schuh,
fertig bin ich schon im Nu.

Alle imaginären Kleidungsstücke anziehen.

Ich nehme mein Körbchen und gehe hinaus,
alles sieht ganz friedlich aus.

So tun, als hätte man ein Körbchen in der Hand, und dieses schlenkern.

Da vorne, da liegt schon ein Ei,
und da hinten sogar zwei.

Sich zuerst einmal bücken und ein Ei ins Körbchen legen.
Dann ein Stück weitergehen und zwei weitere aufsammeln.

Jetzt ist schon mein Körbchen voll,
Ostereier suchen – das ist toll!

Applaudieren.

Idee: Leah Schäfer

Unterwegs mit dem Osterhasen

Mitmachgedicht

Alter: ab 2 Jahren
Dauer: 10 Minuten

Der Osterhas hat's eilig heut,
hüpft über die Wiesen voller Freud.

Mit beiden Beinen hüpfen wie ein Osterhase.

Da kommt ein Zaun, der Has hüpft drüber.
Mit einem großen Hüpfer kommt er hinüber.

Einen großen Hüpfer machen.

Weiter geht's im Hasengalopp,
dann macht der Hase plötzlich Stopp.

Hüpfen, dann plötzlich ganz still stehen bleiben.

Jetzt muss er leise weiterschleichen,
denn ein Fuchs liegt unter den Eichen.

Schleichen und ganz leise flüstern.

Leise, leise am Fuchs vorbei,
mit Rucksack, Pinseln, Farbe, Ei.

„Psst!" machen und weiterschleichen.

Dann wieder weiter in Kurven so weit,
das kann kein anderer weit und breit.

Auf der Stelle hüpfen.

Jetzt ist er endlich zu Hause und lacht:
Osterhasen haben noch alles geschafft!

Hinsetzen und kurz ausruhen.

Idee: Tina Scherer

Aprilwetter

Mitmachgedicht

Alter: ab 2 Jahren
Dauer: 5 Minuten

Im April geht's lustig zu,
das Wetter ändert sich im Nu.

Die Arme vor dem Körper rollen.

Einmal da regnet's, die Erde wird nass.
Ich springe in Pfützen, das macht mir Spaß.

Mit den Fingern beider Hände wackeln und die Arme von oben nach unten bewegen. Danach mit beiden Beinen in eine Pfütze springen.

Dann scheint die Sonne und mir wird ganz heiß,
ich wische mir von der Stirn den Schweiß.

Mit dem Handrücken Schweiß von der Stirn wischen.

Plötzlich da pustet ein starker Wind,
ich muss mich verstecken, ganz geschwind.

Pusten, dann sich klein machen.

Jetzt blitzt es am Himmel – es wird hell,
dann kommt der Donner, ganz schön schnell.

Nach oben schauen, dann mit den Füßen mehrmals schnell auf den Boden stampfen.

Auf einmal, da kommt die Sonne zurück,
ich spiel draußen weiter – welch ein Glück.

Beide Hände zusammenlegen, die Finger spreizen.

Idee: Leah Schäfer

Kleine Gärtner

Mitmachgedicht

Alter: ab 2 Jahren
Dauer: 5 Minuten

Lasst uns in den Garten gehen,
um Obst und Gemüse heut zu säen.

Auf der Stelle gehen.

Mit dem Finger – wisst ihr noch,
bohren wir hier Loch für Loch.

In einer Reihe den Finger auf den Boden drücken.

Seht mal dieses Päckchen an,
was denn da wohl drin sein kann?

Mit Daumen und Zeigefinger ein Päckchen hochhalten.

Ihr wisst es schon, es sind die Samen
von einem Gemüse,
doch wie lautet der Name?

Der eine sagt Karotte, der andere Möhren,
auch Gelbe Rübe kann man
manchmal hören.

Zuerst die eine Handfläche nach oben zeigen, dann die andere. Zum Schluss die Schultern hochziehen.

Jetzt steckt die Samen in die Erde,
dass große Karotten aus ihnen werden.

Samen in die Löcher stecken und zumachen.

Nehmt eure Kanne und befüllt sie
mit Wasser,
jetzt machen wir die Erde nasser.

Die Karotten gießen.

Jetzt heißt es ein paar Wochen warten,
dann holen wir die Karotten
aus unserem Garten.

Eine Karotte herausziehen.

Idee: Leah Schäfer

Sommer

Sandhörnchen in Gefahr

Mitspielgedicht

Alter: ab 2 Jahren
Dauer: 10 Minuten

Material
ein großer Sandkasten

Wir Sandhörnchen sind klein, aber klug und schnell,
mit schönem gestreiftem Hörnchenfell.

Zusammen im Sand sitzen.

Wir sitzen gern zusammen im Sand,
wühlen herum mit der Hörnchenhand.

Mit einer Hand im Sand wühlen.

Wir graben unsere Füße ein,
im warmen Sand, da ist es fein.

Die Füße in den Sand stecken.

Wir malen Kreise im Sand so schön,
dann ist es schon Zeit, ins Bett zu gehn.
Gute Nacht!

Kreise in den Sand malen, winken.

Idee: Tina Scherer

Der Klingelfisch versteckt sich

Aufpassgeschichte

Alter: ab 2 Jahren
Dauer: 10 Minuten

Eines Tages war der Klingelfisch mit seinen Eltern im Meer unterwegs. Aber der Klingelfisch wollte gern Verstecken spielen. Er huschte ganz schnell unter einen großen Stein.
„Na, wo ist denn unser Klingelfischchen?“, fragte Papa Klingelfisch und rasselte und klapperte ratlos.
„Ja, wo ist er denn hin?“, fragte auch Mama Klingelfisch und blickte sich um.
„Kliiiingelfisch!“, rief Papa Klingelfisch durch das Meer. Sie warteten. Keine Antwort vom Klingelfisch.
„Also, wenn er hier nicht ist, ist dann unser Klingelfischkind vielleicht schon nach Hause geschwommen?“, fragte Mama Klingelfisch. Und so schwammen Mama und Papa Klingelfisch davon und der kleine Klingelfisch war ganz allein. Schnell kam der kleine Klingelfisch unter seinem Stein hervor.
Ängstlich blickte er sich um: Von Mama und Papa war keine Spur mehr. Das Meer war auch irgendwie gar nicht mehr so lustig wie vorher. „Was mache ich denn jetzt, wenn ein Hai vorbeikommt, der mich verschlingen will?“, fragte sich der kleine Klingelfisch und bekam schreckliche Angst.
„M-m-m-mama!“, rief er. Keine Antwort von Mama Klingelfisch. „Maaaaaaaama!“, schrie der kleine Klingelfisch und klingelte dazu ganz laut mit all seinen Beinen. „Paaaaapa!“ Das hörten die beiden Klingelfischeltern. Sie kamen ganz schnell zurück und umarmten den kleinen Klingelfisch mit allen ihren Klingelfischarmen. Da war der kleine Klingelfisch ganz schön froh!

Und so geht's:
Immer wenn das Wort „Klingelfisch“ vorkommt, müssen die Kinder ganz laut „Klingelfisch!“ rufen.

Idee: Tina Scherer

Ein Sommertag

Mitsprechgedicht

Alter: ab 2 Jahren
Dauer: 5 Minuten

Der Morgen, der ist wirklich nett,
fröhlich steig ich aus dem (Bett).

Ich schaue aus dem Fenster raus
und laufe dann schnell aus dem (Haus).

Ich seh am Himmel voller Wonne
strahlend gelb die liebe (Sonne).

Was ist das für ein buntes Ding?
Fröhlich fliegt der Schmetter- (ling).

Heut hab ich noch ganz viel vor
und schieb mein Rad schnell aus dem (Tor).

Tret in die Pedale rein,
denn Radfahren ist wirklich (fein).

Ich fahre ganz schnell an den Strand,
denn ich spiele gern im (Sand).

Meine Burg ist ganz famos,
gar nicht klein, sondern ganz (groß).

Muscheln schmücken sie –
große und kleine –
und drumherum liegen schöne (Steine).

Das Badezeug muss jetzt schnell her,
denn ich möchte rein ins (Meer).

Hinein spring ich ins kühle Nass,
denn baden macht mir ganz viel (Spaß).

Den Schnorchel kann ich auch gebrauchen,
denn im Meer, da möcht ich (tauchen).

Ich sehe Fische, die sind bunt,
manche lang und andere (rund).

Aus dem Wasser geh ich bald,
denn so langsam wird mir (kalt).

Idee: Kathrin Eimler

Tiere auf der Wiese

Mitmachspiel

Alter: ab 2 Jahren
Dauer: 10 Minuten

Wer hüpft denn da auf der Wiese herum?
Ein Frosch, ein Frosch!

Die Kinder hüpfen wie ein Frosch.

Wer kriecht denn da auf der Wiese herum?
Ein Maulwurf, ein Maulwurf!

Die Kinder kriechen oder robben auf dem Bauch.

Wer schlängelt sich denn da auf der Wiese herum?
Ein Regenwurm, ein Regenwurm!

Die Kinder schlängeln sich auf dem Bauch über den Boden/die Wiese.

Wer stolziert denn da auf der Wiese herum?
Ein Storch, ein Storch!

Beim Stolzieren die Knie nach oben ziehen.

Wer fliegt da auf der Wiese herum und macht „summ, summ, summ"?
Eine kleine Mücke, eine kleine Mücke!

Die Kinder machen mit den Armen Flugbewegungen, laufen dabei herum.

Schnell weg, bevor sie uns sticht!

Alle Kinder setzen sich schnell wieder auf ihren Platz.

Idee: Michaela Lambrecht

Kleine Wellen, große Wellen

Mitplanschgedicht

Alter: ab 1 Jahr
Dauer: 5 Minuten

Material
Planschbecken

Kleine Wellen plätschern leise,
das machen Nixen auf ihrer Reise.
Mit den Füßen ganz leise und sanft im Wasser stampfen.

Große Wellen platschen im Meer,
ein Walhai schwimmt hier hin und her.
Etwas heftiger im Wasser stampfen.

Riesige Wellen spritzen dich nass,
das macht uns einfach nur Riesenspaß!
Sich gegenseitig nass spritzen und dabei ganz fest stampfen.

Idee: Tina Scherer

Planschen mit der Wasserschildkröte

Mitmachgeschichte

Alter: ab 1 Jahr
Dauer: 15 Minuten

Material
1 mit Wasser gefüllter Eimer pro Kind

Meine Schildkröte taucht ins Wasser, weil sie sich abkühlen möchte.
Hand als Schildkröte zur Faust ballen und eintauchen bis zum Boden des Eimers.

Sie bewegt sich hin und her und paddelt mit ihren Flossen.
Finger spreizen und den Arm im Wasser bewegen.

Manchmal spielt die Schildkröte den Leuten am Strand einen Streich. Dann springt sie heraus und spritzt alle nass.
Die Hand ruckartig aus dem Wasser ziehen und ausschütteln, sodass die kleinen Wassertropfen auch die Kinder treffen.

Wenn meine Schildkröte müde ist, legt sie sich auf ihr Wasserbett.
Die flache Hand ganz ruhig auf die Wasseroberfläche legen.

Manchmal macht sie sogar Wassermusik.
Mit den Fingern auf die Wasseroberfläche „trommeln".

Kommt ihre Freundin zu Besuch, dann schwimmen sie gemeinsam.
Beide Hände ins Wasser legen.

Am lustigsten wird es, wenn sie so richtig wild im Wasser spielen.
Mit beiden Händen abwechselnd auf die Wasseroberfläche schlagen, sodass das Wasser herausspritzt.

Abends sind die Schildkröten dann müde. Die Freundin schwimmt nach Hause. Dort schüttelt sie sich trocken.
Eine Hand aus dem Wasser ziehen und schütteln.

Und die Wasserschildkröte geht auch zur Ruhe. Sie schüttelt sich trocken.
Die andere Hand herausziehen und etwas ausschütteln.

Und jetzt ruht sie sich ein bisschen aus.
Gemeinsam ein bisschen ausruhen.

Idee: Marion Bischoff

Krabbelkäfers Turnstunde

Mitkrabbelgeschichte

Alter: ab etwa 6 Monaten
Dauer: 5 Minuten

Die Krabbelkäferchen sind eine große Familie.

Auf den Knien aufrichten und einen Kreis in die Luft malen.

Jeden Tag treffen sie sich zu einem gemeinsamen Ausflug.

Alle krabbeln in die Kreismitte und begrüßen sich, indem sie sich über die Hände oder Arme streicheln.

Ein Käfer krabbelt voran und alle anderen folgen ihm.

Wählen Sie ein Kind aus, das vorauskrabbelt, alle anderen folgen entsprechend; so krabbeln die Kinder mehrere Runden hintereinander her.

Nach einiger Zeit erreichen die Krabbelkäferchen die große Lichtung. Sie legen sich hin und genießen die Sonne.

Alle Kinder legen sich bäuchlings oder auf den Rücken. Dabei strecken sie alle Gliedmaßen aus.

Doch keines der Käferchen möchte liegen bleiben. Also rappeln sich alle wieder auf und machen sich auf die Suche nach bunten Blumen.

Die Kinder gehen auf alle viere und „schnuppern".

Wenn jedes Krabbelkäferchen seine Blume gefunden hat, setzt es sich gemütlich auf die farbigen Blütenblätter und winkt seinen Freunden zu.

Alle setzen sich auf den Po und winken den anderen Kindern zu.

Manchmal besuchen sie sich gegenseitig auf ihren Blüten.

Jedes Kind krabbelt auf ein anderes zu. Sie setzen sich nebeneinander.

Spät am Nachmittag, wenn die Sonne langsam hinter den hohen Bäumen verschwindet, machen sich auch die Käferchen auf den Nachhauseweg. Sie krabbeln hintereinander her, wie am Morgen, als sie sich auf die Reise begeben haben.

Wählen Sie ein Kind aus, das vorauskrabbelt, alle anderen folgen entsprechend; so krabbeln die Kinder mehrere Runden hintereinander her.

Zu Hause angekommen, verabschieden sich die Käferchen voneinander.

Alle Kinder winken sich zu.

Jedes Käferchen geht in seine Wohnung, legt sich unter der Blätterdecke schlafen und träumt von den Sonnenstrahlen und den Blumen.

Jedes Kind legt sich hin und schließt kurz die Augen.

TIPP: Nicht alle Kinder krabbeln. Viele Kinder rollen sich oder beginnen früh damit, sich auf die Beine zu ziehen. Obwohl jedes Kind seine eigene Entwicklungsgeschwindigkeit und seine eigene Art und Weise mitbringt, sich das Laufen anzueignen, stellt das Krabbeln einen wichtigen Entwicklungsschritt dar, bei dem durch die diagonalen Bewegungen beim vierbeinigen Krabbeln auf Händen und Knien wichtige Grundlagen für spätere Bewegungs- und Hirnmuster gelegt werden. Darum können Sie für die Kinder immer wieder als Vorbild fungieren und das Krabbeln aktiv vor- und mitmachen, wenn es Ihre eigene Gesundheit zulässt.

Idee: Marion Bischoff

Der Grashalm

Mitmachgedicht

Alter: ab 2 Jahren
Dauer: 20 Minuten

Ich strecke meinen Kopf hervor,

Den Kopf nach vorn unten beugen.

ein Grashalm kitzelt sanft mein Ohr.

Den Kopf drehen und mit dem Ohr über die Grashalme streifen.

Er streichelt meinen Arm entlang,

Den Arm über den Grashalm streichen.

ich freu mich, was der Grashalm kann.

In die Hände klatschen.

So grün und saftig sieht er aus,

Einen Finger nach oben recken.

den nehme ich mir mit nach Haus.

Über dem Kopf ein Dach mit den Händen machen.

Der Grashalm, hier von unsrer Wiese,

Auf den Grashalm deuten.

wiegt sich sanft in einer Brise.

Pusten.

Er streichelt mich und streichelt dich.

Sich selbst über den Arm streichen, dem Sitznachbarn über den Arm streichen.

Er ist ein Geschenk für dich.

Auf den Sitznachbarn deuten.

Idee: Marion Bischoff

Bienen

Mitmachgedicht

Alter: ab 1 ½ Jahren
Dauer: 15 Minuten

Wir summen hin und summen her,
Mit ausgebreiteten Armen durch den Raum laufen.

zu fliegen fällt uns echt nicht schwer.
Daumen nach oben recken.

Die schönste Blume suchen wir,
Jedes Kind geht zu einer imaginären Blume.

ihren Nektar saugen wir.
Den Mund spitz formen und schmatzen.

Den Blütenstaub sammeln wir ein,
So tun, als würde man etwas vom Boden aufheben und in der Hand halten.

er soll in unser Haus hinein.
Zu einer der Matten laufen.

Unsere Kinder freuen sich,
Die Arme jubelnd nach oben recken.

der Pollen schmeckt so süß und frisch.
Den Bauch reiben.

So werden sie auch große Bienen,
Die Arme weit ausbreiten.

die bald schon mit uns Alten fliegen.
Mit ausgebreiteten Armen durch den Raum laufen.

Die schönste Blume suchen wir,
Jedes Kind geht zu einer imaginären Blume.

ihren Nektar saugen wir.
Den Mund spitz formen und schmatzen.

Idee: Marion Bischoff

Kennst du die bunte Blumenwiese?

Mitmachgedicht

Alter: ab 2 Jahren
Dauer: 20 Minuten

Material
Blumenwiese mit möglichst vielen verschiedenen Blühpflanzen

Kennst du die bunte Blumenwiese?
Mit ausgestreckten Armen über die Blumenwiese schwenken.
Dort wachsen Blumen so wie diese.
Auf die Blumen deuten.

Sie sind weiß und gelb und rot und blau,
Jeweils auf eine Blüte der entsprechenden Farbe zeigen.
diese Wiese ist ne Schau.
In die Hände klatschen.

Die blaue Blume ist der Hit,
Zu einer blauen Blume gehen.
ich nehm sie nicht nach Hause mit.
Den Kopf schütteln.

Lieber lasse ich sie stehen,
Mit beiden Füßen auf den Boden stampfen.
damit die Hummeln sie auch sehen.
Die Arme ausbreiten, leise summen.

Die rote Blume ist so schick,
Zu einer roten Blume gehen.
ich nehme sie nicht nach Hause mit.
Den Kopf schütteln.

Lieber lasse ich sie stehen,
Mit beiden Füßen auf den Boden stampfen.
damit die Bienen sie auch sehen.
Die Arme ausbreiten, leise summen.

Die gelbe Blume ist lang und fit,
Zu einer gelben Blume gehen.
ich nehm sie nicht nach Hause mit.
Den Kopf schütteln.

Lieber lasse ich sie stehen,
Mit beiden Füßen auf den Boden stampfen.
damit die Hummeln sie auch sehen.
Die Arme ausbreiten, leise summen.

Die weiße Blume, glockenfein,
Zu einer weißen Blume gehen.
lass ich hier auf der Wiese sein.
Den Kopf schütteln.

Ich lasse sie hier gerne stehen,
Mit beiden Füßen auf den Boden stampfen.
damit Insekten sie auch sehen.
Die Arme ausbreiten, leise summen.

Idee: Marion Bischoff

Ausflug mit dem Boot

Mitmachgeschichte

Alter: ab 2 Jahren
Dauer: 10 Minuten

Es ist so heiß heute. Wie wäre es mit einem Ausflug mit dem Boot?
Die Stirn mit dem Handrücken abwischen.

Kommt alle mit.
Heranwinken.

Bitte einsteigen. Vorsichtig, das Boot schwankt etwas.
Mit einem Bein vorsichtig einen großen Schritt nach vorn machen, dabei etwas schwanken.

Wir fahren über den See. Zuerst ganz gerade. Dann im Kreis. Anschließend in Schlangenlinien. Und jetzt rückwärts.
Die beschriebenen Bewegungen ausführen. Für jede Bewegung ausreichend Zeit lassen.

Da oben kommt eine dunkle Wolke. Kommt, wir versuchen sie wegzupusten.
Nach oben pusten.

Klappt leider nicht. Wir müssen schnell an Land zurück, bevor es regnet. Dazu müssen wir rudern.
Rudernd durch den Raum gehen.

Nur noch aus dem Boot steigen. Aber Vorsicht, es wackelt.
Mit einem Bein einen großen Schritt nach vorn machen, dabei etwas schwanken.

Jetzt ganz schnell zurück nach Hause. Ich spüre schon die ersten Regentropfen.
Durch den Raum rennen.

Nur noch durch die Tür. Geschafft!
Tür aufschließen, Tür öffnen, Tür schließen.

Idee: Leah Schäfer

Sonnencreme

Mitmachgedicht

Alter: ab 2 Jahren
Dauer: 10 Minuten

**Die Sommersonne scheint sehr hell,
ich hol die Sonnencreme schnell.**

Die Augen mit den Händen schützen.

**Dann mache ich die Tube auf
und trag die weiße Paste auf.**

Eine imaginäre Tube öffnen.

**Zuerst, da cremen wir den Arm,
puh, heut ist es ganz schön warm.**

Den Arm eincremen, danach mit dem Handrücken Schweiß von der Stirn wischen.

**Nach den Armen kommt der Bauch
und das Gesicht natürlich auch.**

Den Bauch und das Gesicht eincremen.

**Jetzt ist eigentlich der Rücken dran,
leider komme ich da gar nicht ran.**

Versuchen, den Rücken einzucremen. Dabei den Kopf schütteln.

**Wärst du so lieb, sag, hilfst du mir,
dann helfe ich anschließend dir.**

Auf jemanden deuten, dann auf sich selbst. Danach wieder auf die erste Person.

**Jetzt fehlen mir nur noch die Beine,
die creme ich schon ganz alleine.**

Die Beine eincremen.

**Ich bin geschützt vor den Sonnenstrahlen,
jetzt kann ich mich in der Sonne aalen.**

Den Daumen hochhalten. Danach sich mit dem Rücken auf dem Boden wälzen.

Idee: Leah Schäfer

Reiseplanung

Mitmachgedicht

Alter: ab 2 Jahren
Dauer: 10 Minuten

Juchhuu, juchhuu, es ist so weit,
es beginnt die Urlaubszeit.

Jubeln.

Doch wohin geht unsre Reise?
Mit dem Zug über die Gleise?

Sich wie ein Zug durch den Raum bewegen.

Oder mit dem Flugzeug gar,
nach Indien oder Afrika?

Wie ein Flugzeug durch den Raum fliegen.

Mit dem Schiff auf hohe See
ist doch auch eine Idee.

Wie ein Schiff durch den Raum gehen.
Dabei hin und her schwanken und mit dem Arm tuten.

Nein, ich hol mein Fahrrad her,
den Rucksack drauf, das ist nicht schwer.

Ein imaginäres Fahrrad schieben und einen Rucksack
auf den Gepäckträger schnallen.

So fahre ich den ganzen Tag,
weil ich so viel Spaß dran hab.

Sich wie ein Fahrrad durch den Raum bewegen.

Idee: Leah Schäfer

Unter Wasser

Mitmachgeschichte

Alter: ab 2 Jahren
Dauer: 10 Minuten

Timo und Lara fahren heute ans Meer. Sie wollen tauchen gehen und nachsehen, was es alles unter Wasser zu entdecken gibt. Zuerst ziehen sie ihre Taucheranzüge an. Die sind aber eng!

In einen imaginären Taucheranzug einsteigen. Mehrmals daran ziehen.

Danach kommen die Taucherflossen und die Taucherbrillen dran.

So tun, als würde man Taucherflossen anziehen, und darin durch den Raum laufen. Danach eine Taucherbrille aufziehen.

Jetzt ziehen sie den Rucksack mit den Sauerstoffflaschen auf.

In einen imaginären Rucksack schlüpfen.

Zum Schluss noch den Schnorchel in den Mund, damit sie unter Wasser auch Luft bekommen. Und los geht's.

So tun, als würde man einen Schnorchel in den Mund nehmen. Danach ins Wasser springen.

Lara und Timo tauchen ins Wasser ein. Die beiden kommen immer tiefer. Ganz langsam wird es kühler und dunkler. Timo entdeckt ein Korallenriff und die beiden Kinder schwimmen gleich hin.

Schwimmbewegungen machen.

Lara sieht sich um: „Wie schön hier alles ist", denkt sie.

Staunend umsehen und „Oh" und „Ah" sagen.

Da schwimmt eine Meerjungfrau vorbei. Ihr Haar ist ganz lila. Sie sieht wunderschön aus. Lara winkt ihr zu. Die Meerjungfrau winkt zurück.

Winken.

Auf einmal zieht ein bunter Fischschwarm an ihnen vorüber. Die Fische leuchten in allen Farben.

Die Handflächen zusammenlegen und, mit den Fingerspitzen nach vorne, vor dem Körper schlängelnde Bewegungen machen und durch den Raum gehen.

MEINE UNTERWASSERWELT

Material: 1 Pappteller, blaue Farbe oder blaues Papier, Vogelsand, Klebstoff, Muscheln, buntes Papier, Schere, Stifte

Die Pappteller blau einfärben. Dann Teile mit Klebstoff bestreichen und Sand darüberstreuen. Den überschüssigen Sand wegmachen. Anschließend nach Lust und Laune mit Wassergras, Fischen, Muscheln etc. verzieren.

Timo und Lara tauchen noch weiter nach unten. Bis sie auf dem Meeresboden angekommen sind. Dort gibt es viele Muscheln und Wasserschnecken. Die schauen sie sich einmal genauer an.

Bücken, so tun, als würde man etwas aufheben und genau betrachten. Dann den imaginären Gegenstand wieder hinlegen.

Lara greift nach einer Muschel, lässt sie aber gleich wieder fallen. „Autsch, die Muschel pickst ja." Das war wohl ein Seeigel.

Nach etwas auf dem Boden greifen und gleich wieder fallen lassen. Anschließend den Finger pusten.

Die beiden Kinder sind langsam müde und wollen zurück an Land.

Die Augen reiben.

Da kommt ein riesengroßer Wal und schiebt die beiden an die Wasseroberfläche. Vielen Dank für deine Hilfe, lieber Wal. „Mach's gut!"

Winken.

Das war ein aufregender Tag.

Idee: Leah Schäfer

Herbst

Ausflug zum Kastaniensammeln

Mitmachgeschichte

Alter: ab 2 Jahren
Dauer: 20 Minuten

Material
- für jedes Kind ein Sandkasteneimerchen oder Körbchen mit Henkel
- viele Kastanien

Heute gehen wir Kastanien sammeln.
In die Hände klatschen.

Zuerst ziehen wir Jacken, Matschhose und Schuhe an.
Das Anziehen pantomimisch nachmachen.

Dann geht' los. Wir rennen zum Kastanienbaum.
Auf der Stelle laufen oder rennen, dann vorsichtig zum „Kastanienbaum"/den ausgelegten Kastanien laufen.

Auf dem Boden unter dem Baum liegen schon einige Kastanien. Wir heben sie auf und werfen sie in unsere Eimer und Körbchen.
Die Kinder sammeln die Kastanien in ihre Körbe und Eimer.

Und so geht's:
Die Kastanien an einer Stelle im Gruppenraum verteilen. Jedes Kind bekommt ein Körbchen oder Eimerchen.

Und noch mehr Kastanien liegen auf dem Boden. Wir sammeln sie alle auf.
Weiter Kastanien aufheben und dabei möglichst alle Kastanien einsammeln.

Was ist das? Plötzlich beginnt es zu regnen. Schnell suchen wir uns einen Unterschlupf in einem Hauseingang. Hier kuscheln wir uns zusammen und warten ab.
Alle drängen sich zusammen.

Wir rücken ganz nah zusammen und wärmen uns.
Mit den Kindern in die Hocke gehen, nach Wunsch und eigenem Empfinden dürfen sich die Kinder umarmen.

Da hört der Regen wieder auf. Wir nehmen unsere Eimer und Körbchen und machen uns auf den Rückweg. Das war ein schöner Kastanienausflug.
Noch eine Weile mit den Körbchen durch den Raum spazieren.

Idee: Tina Scherer

Knips, knips!

Mitmachgedicht

Alter: ab 1 Jahr
Dauer: 10 Minuten

Material
für jedes Kind ein einfach anzuknipsendes Lichtchen wie eine Taschenlampe, ein LED-Lichtchen mit großem Schalter oder ein Laternenstab

Dunkel, dunkel ist die Nacht,
doch gleich haben wir Licht gemacht.

Ganz nah zusammenrücken, flüstern und die Lichter anknipsen.

Knips, so geht mein Lichtchen an, sieh nur
mal und freu dich dran.

Gemeinsam die Lichtchen betrachten.

Mein Licht führt mich hell
durch die Welt,
mein Licht führt mich, wie's mir gefällt.

Die Lichter schwenken.

Und setz ich mich und ruh mich aus,
knips ich mein Lichtchen kurz mal aus.

Ausknipsen.

Beim Laufen mach ich's wieder an,
es leuchtet mir, ich freu mich dran.

Anknipsen und schwenken.

Alle Lichtchen leuchten schön,
wenn wir in die Mitte gehn.

Alle Lichtchen in der Mitte des Sitzkreises ganz nah zusammenhalten.

Müde, müde sind wir nun,
wollen gern ein Weilchen ruhn.

Wieder hinsetzen.

Knips, jetzt ist das Lichtchen aus,
die Kinder gehn zurück nach Haus.

Ausknipsen, gähnen und ein Weilchen ausruhen.

Idee: Tina Scherer

Ab in die Pfütze!

Mitmachreim

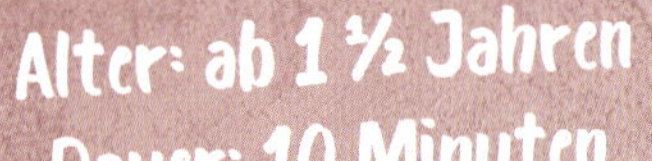

Mit den Gummistiefeln an den Beinen,
hüpfen wir draußen: wir Großen und Kleinen.

Neben der Pfütze auf der Stelle hüpfen und mit den Füßen stampfen.

Plitsch und platsch in jede Pfütze,
Wasser spritzt auf meine Mütze.

In die Pfütze springen, wieder herausspringen und in die Hände klatschen.

Idee: Tina Scherer

Blätterfall

Mitmachgedicht

Material
pro Kind eine Rassel

Alter: ab 1 Jahr
Dauer: 10 bis 15 Minuten

Blätterfall, Blätterfall,

Die Arme wandern nach unten, dabei bewegen sich die Finger.

gelbe Blätter überall.

Mit den Fingerspitzen auf dem anderen Arm und den Beinen laufen.

Raschel, raschel,

Die Rassel aufnehmen und sie, wenn möglich, im Rhythmus mitschütteln.

es wird kalt

Arme um den Körper schlingen, die Rassel dabei in der Hand behalten.

und der Schnee bedeckt sie bald.

In die Hocke gehen, die Rassel auf den Boden vor die Füße legen
und mit der flachen Hand über den Boden streichen,
als wäre dort eine Schneedecke.

Blätterfall, Blätterfall,

Die Arme wandern nach unten, dabei bewegen sich die Finger.

gelbe Blätter überall.

Mit den Fingerspitzen auf dem anderen Arm und den Beinen laufen.

Idee: Britta Bartoldus

Der kleine Kürbis rollt davon

Mitmachgeschichte

Alter: ab 1 Jahr
Dauer: 5 Minuten

Es war einmal ein kleiner Kürbis, der war kugelrund.

Die Kinder malen mit den Händen einen Kreis in die Luft.

Er wohnte mit seinen vielen Kürbisgeschwistern in einem Garten auf dem Bauernhof. Heute wollte die Bäuerin aus dem kleinen Kürbis eine leckere Kürbissuppe kochen.

„Hm, lecker!" rufen und in die Hände klatschen.

„Oh nein!", jammerte der kleine Kürbis, er wollte keine Kürbissuppe sein.

Kinder schütteln den Kopf und rufen: „Oh nein!"

Schnell rollte der kleine Kürbis davon. Die Kinder machen mit den Händen Rollbewegungen, um das Kullern darzustellen Er rollte direkt zu einem Mädchen, das auf der Schaukel saß.

Rollbewegungen machen.

Das Mädchen freute sich über den Kürbis.

In die Hände klatschen.

Es schnitzte mit seiner Mama ein Gesicht in den Kürbis und stellte ein Lichtchen hinein. Der kleine Kürbis leuchtete wunderschön und beide waren glücklich. Das kleine Mädchen und der Kürbis.

Kinder werfen die Arme in die Luft und rufen: „Juhu!"

Idee: Michaela Lambrecht

Wind in der Turnhalle

Mitmachgeschichte

Material
1 Schwungtuch

Alter: ab 2 Jahren
Dauer: 10 Minuten

Heute kommt ein Wind herbei, erst ist er ganz zart, dann etwas stärker und dann ist der Wind schon ganz stark. Bei eins, zwei, drei!
Auf „drei" dürfen alle das Schwungtuch hoch- und herunterbewegen.

Huiiii, immer stärker wird der Wind. Aus dem Wind wird ein Sturm, der laut und kräftig ist.
Das Schwungtuch wird schneller hoch- und heruntergehoben.

Oh je, aus dem Sturm wird ein richtiger Orkan, der ganz schnell und kräftig bläst.
Jetzt wird das Schwungtuch ganz schnell hoch- und herunterbewegt.

Endlich: Der Orkan lässt nach, der Wind wird weniger, bis er ganz aufhört.
Die Bewegungen werden langsamer und hören dann ganz auf.

Idee: Michaela Lambrecht

Was so alles im Wind fliegt

Aufpassgeschichte

Alter: ab 2 Jahren
Dauer: 10 Minuten

Ein starker Wind weht heut im Wald,
es ist eisig, es ist kalt.

Herrn Meier weht's vom Kopf den Hut,
das ist es, was der Wind so tut.

Die Haare fliegen ums Gesicht,
den Wind, den kümmert so was nicht.

Die ganz dicken Bäume lachen nur leise,
der Wind packt sie nicht auf seiner Reise.

Zweige und Blätter segeln im Wind,
drehen und wirbeln ganz geschwind.

Steine und Felsen bewegen sich nicht,
sie haben dafür viel zu viel Gewicht.

Papierchen und Folien fliegen davon,
der Wind, der lacht. Er kennt das schon.

Über den Wolken fliegen die Drachen,
Segelflugzeuge und andere Sachen.

Häuser und Autos bleiben noch stehn,
da muss der Wind schon stärker wehn.

Fahnen flattern im Wind hin und her,
Wimpel und Flaggen genauso sehr.

Und so geht's:
Lesen Sie die oben stehenden Zeilen ganz langsam vor. Sie müssen sich dabei nicht an diese Reihenfolge halten und können manche Zeilen auch mehrmals oder immer wieder vorlesen. Die ersten beiden Zeilen dienen zur Einführung. Bei den folgenden Versen reißen Sie die Arme hoch, wenn der Wind etwas davonwehen oder bewegen kann, und lassen die Arme unten, wenn es dem Wind nicht gelingt. Die Kinder machen diese Bewegungen mit.

Idee: Tina Scherer

Fritz, der neugierige Igel

Mitmachgedicht

Alter: ab 2 Jahren
Dauer: 10 Minuten

Fritz, der Igel, ist noch klein,

Auf dem Boden hocken.

doch er will lieber größer sein.

Aufstehen und lang strecken.

Leise schleicht Fritz aus dem Haus

Langsam auf allen vieren schleichen.

und nimmt dann gleich ganz schnell Reißaus.

Schnell durch den Raum krabbeln.

Er schnuppert jetzt in alle Ecken,
es gibt für ihn viel zu entdecken.

Schnuppernd die Nase überall hinstrecken.

Plötzlich stößt Fritz mit dem Näschen
auf ein braunes Hoppelhäschen.

Die Hand an die Nase halten und ganz leicht nach hinten drücken.

Fritz, dem ist das nicht geheuer,
er denkt, das ist ein Ungeheuer.

Drum rollt er sich mit einem Knall

In die Hände klatschen.

zu einem kleinen Stachelball.

Zusammenrollen.

Idee: Leah Schäfer

Kröte Lola

Mitmachgedicht

Alter: ab 2 Jahren
Dauer: 10 Minuten

Lola liebt die dunkle Welt,
weil es ihr unter der Erde gefällt.

Die Kinder kauern sich ganz klein hin und ziehen die Decke über sich.

Lola, die Kröte, buddelt sich ein,
mag gern hier im Innern des Bodens sein.

Die Kinder hocken gemütlich unter ihrer Decke.

Doch kaum ist es Frühling, da kommt sie heraus,
streckt den Krötenkopf aus der Erde heraus.

Den Kopf unter der Decke hervorstrecken.

Hier oben ist's hell und warm scheint die SONNE,
das mag die Kröte, ist voller Wonne.

Die Decke abwerfen und aufspringen, in die Hände klatschen.

Die Kröte wärmt sich im Sonnenlicht auf,
die Sonne scheint auf den Krötenbauch drauf.

Den Körper ausschütteln.

Hm, hier riecht's ja so gut, riech mal hin,
die Kröte schnuppert und reibt sich das Kinn.

In alle Richtungen schnuppern.

Hier muss doch irgendwo Wasser sein,
da legen Kröten die Eier hinein.

Den Kopf drehen.

Die Kröte hüpft los, der Teich ist nicht weit,
zum Schwimmen ist Lola schon längst bereit.

Im Sitzen oder Stehen hüpfen.

Lola schwimmt keuchend ans Ufer zurück,
es ist nicht sehr weit und das ist ein Glück.

Schwimmbewegungen auf dem Boden machen.

Jetzt ruht sich Lola ein bisschen aus,
streckt alle Krötenbeine aus.

Sich auf die Decke legen und alle Gliedmaßen ausstrecken.

Der WIND weht sie trocken, die Krötenhaut,
pustet und weht, macht kaum einen Laut.

Leise pusten.

Da schlummert die Kröte zufrieden ein
und wenn sie aufwacht, dann geht sie heim.

Eine kleine Weile auf der Decke ausruhen.

Idee: Tina Scherer

Der Fuchs und die Maus

Mitmachgeschichte

Alter: ab 2 Jahren
Dauer: 10 Minuten

Es war einmal ein Fuchs. Er konnte flitzen wie der Wind. Er war wirklich sehr schnell und sehr gefährlich.
Den flitzenden Fuchs nachmachen, fauchen.

Der Fuchs hatte auch scharfe Krallen an seinen Pfoten.
Die Hand zur Klaue spreizen, fauchen.

Alle Tiere hatten fürchterlich Angst vor dem Fuchs.
Bibbern vor Angst.

Eines Tages wachte der Fuchs schon sehr früh auf. Er gähnte und reckte und streckte sich.
Gähnen, sich strecken.

Dann machte er einen kleinen Spaziergang.
Auf der Stelle mit den Füßen stampfen.

Da kam eine kleine Maus vorbei.
Mit zwei Fingern über den Arm laufen.

„Hm, lecker!“, sagte der Fuchs zu der Maus, fauchte und stellte seine Pfote auf ihren Schwanz. Jetzt war die Maus gefangen.
Fauchen, Klaue zeigen.

Die Maus bekam fürchterliche Angst. „Bitte tu mir nichts!“, flüsterte die Maus.
Zittern.

„Doch, ich werde dich fressen, ich hab nämlich ganz schön Hunger!“ Und damit machte der Fuchs ganz weit sein Maul auf.
Ganz weit den Mund aufmachen.

„Guck mal, dort drüben!“, schrie die Maus und zeigte mit der Mausehand ins Gebüsch. „Da raschelt es, bestimmt kommt ein Riese.“ Der Fuchs hob den Kopf: „Was? Wo?“
Sich umgucken.

Für einen kurzen Moment war er nicht achtsam. Und die Maus? Die schnappte ihren Schwanz und tippelte, so schnell sie konnte, davon. Im Gebüsch war nämlich gar niemand.
Kichern, wegtrippeln.

Da hatte der Fuchs wieder einmal Pech gehabt.
Mit den Schultern zucken.

Idee: Tina Scherer

Die Fledermaus

Auszählreime

Alter: ab 2 Jahren
Dauer: 10 Minuten

Eine kleine Fledermaus, die flatterte hinaus.
Da draußen war's ihr viel zu kalt, drum flog sie
schnell nach Haus.

Eine kleine Fledermaus,
die fliegt so schnell sie kann,
da kommt die Polizei vorbei
und hält sie an.

Fünf Gespenster spuken durch das Haus,
sie wollen lieber schlafen gehn und du bist raus.

Idee: Leah Schäfer

Das Eichhörnchen und die Nüsse

Mitmachgeschichte

Alter: ab 2 Jahren
Dauer: 10 Minuten

Material

- mindestens 10 Nüsse/ kleine Gegenstände für jedes Kind (im Raum verstecken)
- 2 Eimer

Eichhörnchen Anton stand vor seinem Baum. Er rieb sich die Arme. „Brr, ist das kalt geworden."
Die Arme reiben.

Anton wusste, was er jetzt zu tun hatte. Er musste Nüsse für den Winter sammeln. Er sprang los.
Durch den Raum laufen.

Er schaute hierhin und er schaute dorthin. Da war ja schon eine Nuss. Und noch eine. Und da drüben lag schon wieder eine.
Die Hand an die Stirn legen und in alle Richtungen schauen.

Anton legte alle Nüsse, die er finden konnte, auf einen Haufen.
Alle Nüsse sammeln und auf einen Haufen legen.

Das Eichhörnchen setzte sich davor und dachte nach. „Was mache ich jetzt mit meinen ganzen Nüssen? In meinem Astloch ist kein Platz."
Um den Haufen setzen und die Hand ans Kinn legen.

Dann hatte Anton eine Idee. „Ich werde sie einfach irgendwo verstecken."
Mit dem Zeigefinger die Stirn antippen und dann die Finger nach oben strecken.

Doch dazu musste er erst einmal durch den Wald laufen und Ausschau nach den besten Verstecken halten.
Durch den Raum laufen, die Hand dabei an die Stirn legen und in alle Richtungen schauen.

Idee: Leah Schäfer

Anton hatte tolle Verstecke gefunden, die er sich auch gut merken konnte.
Die Eimer im Raum aufstellen.

Er lief los und brachte jede Nuss einzeln in ein Versteck.
Immer eine Nuss holen und in einen Eimer legen. Danach die nächste Nuss. Bis alle Nüsse verteilt sind.

Jetzt ist es Anton ganz schön warm geworden.
Mit dem Handrücken über die Stirn streichen.

Und müde ist er auch. Er will sich erst einmal ein wenig ausruhen.
Gähnen und sich strecken.

Er klettert den Baum hinauf bis zu seinem Astloch.
Auf der Stelle „nach oben klettern".

Er schüttelte noch schnell seine Decke und sein Kissen. Dann kuschelte er sich hinein. Zufrieden schlief Anton ein und träumte von den vielen Nüssen.
Imaginäre Decke und Kissen schütteln. Sich hinlegen und schnarchen.

Gespenstertanz

Mitmachgedicht

Alter: ab 2 Jahren
Dauer: 10 Minuten

Schaut mal aus dem Fenster,
Die Hand an die Stirn legen, danach mit beiden Händen ein Fenster formen.

dort draußen sind Gespenster.
Die Arme seitlich ausstrecken und leicht nach oben und unten bewegen.

Sie fliegen hin und fliegen her,
sie fliegen gerade und kreuz und quer.
Durch den Raum rennen.

Sie hüpfen hoch und wieder runter,
die Gespenster, die sind ganz schön munter.
Durch den Raum hüpfen.

Jedes stampft, so laut es kann,
und so hört sie jedermann.
Stampfend durch den Raum gehen.

Und zum Schluss – gleich ist es aus,
klatschen alle laut – Applaus!
Stehen bleiben und klatschen.

Idee: Leah Schäfer

Regenwetter

Mitmachgeschichte

Alter: ab 2 Jahren
Dauer: 10 Minuten

Es ist Sonntag und Paul ist soooooo langweilig.
Gähnen.

Draußen regnet es in Strömen.
Mit den Fingern Regen nachspielen.

Mama bringt ihm Gummistiefel und seine Matschsachen. Paul freut sich.
Hochspringen und jubeln.

Er zieht sich an. Erst die Regenhose. Dann die Regenjacke und den Regenhut. Zum Schluss schlüpft Paul in seine Gummistiefel. Erst in den linken, dann in den rechten. Fertig. Es kann losgehen.
Sich anziehen.

Paul geht nach draußen. Er spürt, wie der Regen auf ihn prasselt. Das fühlt sich lustig an.
Zuerst die Finger der einen Hand über den anderen Arm wandern lassen, danach wechseln.

Jetzt legt er seinen Kopf in den Nacken und schaut nach oben. Damit er keinen Regen in die Augen bekommt, schließt er sie. Er öffnet seinen Mund und streckt die Zunge raus. Der Regen tropft auf seine Zunge. Das kribbelt so schön.
Die Bewegungen – wie im Text beschrieben – ausführen.

Paul hat eine Idee. Er nimmt Anlauf und springt mit seinen Gummistiefeln in die größte Matschpfütze im Hof. Das hat aber weit gespritzt. Was für ein schöner Regentag!
Anlauf nehmen und springen.

Idee: Leah Schäfer

Winter

Der Nikolaus, der Nikolaus

Mitmachgedicht

Alter: ab 1 Jahr
Dauer: 10 Minuten

Der Nikolaus, der Nikolaus,
der muss jetzt dringend aus dem Haus!

Den Arm heben und auf eine fiktive Uhr gucken.

Zieht Strümpfe und Mantel und Mütze an,
an die Füße kommen noch Stiefel dran.

Pantomimisch das Anziehen der Kleidungsstücke nachstellen.

Handschuhe an und los kann es gehen.
Doch noch nicht ganz, er kann ja nichts sehen!

Das Anziehen der Handschuhe nachstellen, sich dann sanft(!) an den Kopf schlagen.

Die Brille auf die Nase drauf,
ja, jetzt ist er fertig, jetzt geht es auf!

Pantomimisch die Brille aufziehen, in die Hände klatschen.

Der Nikolaus holt seinen Sack,
den trägt er nämlich huckepack.

Den Sack pantomimisch über die Schulter werfen.

Stapft los durch Eis und Feld und Wald,
dem Niklaus wird es schrecklich kalt.

Stampfen, sich dann die Arme reiben und das Frieren nachstellen.

Idee: Tina Scherer

Frierend klopft er an eine Tür,
etwas Warmes zu trinken: Gibt es das hier?

Das Anklopfen nachstellen.

Die Kinder haben Tee gemacht,
der Nikolaus probiert ganz sacht.

„Tee trinken".

Ach, das tut gut, er freut sich sehr,
lässt Geschenke da und noch viel mehr.

Sich den Bauch reiben, „Geschenke überreichen".

Er winkt noch einmal: Wiedersehen!
Er muss jetzt wirklich wieder gehen.

Winken.

Der Nikolaus, der Nikolaus,
geht jetzt wieder zurück nach Haus.

Stampfen und winken

Idee: Marion Bischoff

Rieselnde Schneeflocken

Mitmachvers

Alter: ab 1 Jahr
Dauer: 15 Minuten

Schneeflocken fallen und rieseln im Wind,

Die Finger von oben nach unten zappeln lassen.

Schneeflocken wirbeln und tanzen geschwind,

Die Finger schneller zappeln lassen.

schwupps sind sie unten und kalt wird die Welt,

Mit den Händen auf den Tisch oder Boden klatschen.

wir mögen den Schnee, weil kalt uns gefällt.
Brrr!

Laut „Brrr!" rufen und sich dabei die Arme reiben.

Idee: Michaela Lambrecht

Rabe Hugo

Mitmachgedicht

Alter: ab 1 ½ Jahren
Dauer: 5 Minuten

Rabe Hugo friert so sehr,
der Winter fällt ihm heute schwer.
Das Frieren und Bibbern nachstellen: zittern, die Arme reiben.

Er schüttelt seinen Flügel aus,
schüttelt Kälte und Regen heraus.
Einen Arm ausschütteln.

Der andere Flügel kommt dann dran,
das fühlt sich doch schon besser an.
Den anderen Arm ausschütteln.

Der Rabe schüttelt schnell ein Bein,
er möchte warm im Winter sein.
Ein Bein ausschütteln.

Das andere Bein kommt auch noch dran,
das fühlt sich wirklich besser an.
Das andere Bein ausschütteln.

Er reckt den Kopf, krächzt „Guten Morgen“,
vorbei sind seine Kältesorgen.
Laut „Guten Morgen!“ rufen und krächzen wie ein Rabe.

Idee: Michaela Lambrecht

Weg mit der Kälte!

Mitmachgeschichte

Alter: ab 1 Jahr
Dauer: 10 Minuten

Mir ist so kalt!
Mit den Händen an den Armen reiben.

Brrr!
Laut „Brrr!" rufen.

Mein Kopf ist kalt!
Mit den Händen an den Kopf fassen.

Brrr!
Laut „Brrr!" rufen.

Darum müssen wir ihn aufwärmen.
Den Kopf reiben.

Meine Ohren sind so kalt!
Die Kinder halten ihre Hände an die Ohren.

Brrr!
Laut „Brrr!" rufen.

Darum müssen wir sie aufwärmen.
Die Ohren reiben.

Meine Nase ist so kalt!
Die Hände an die Nase halten.

Brrr!
Laut „Brrr!" rufen.

Darum müssen wir sie aufwärmen.
Mit beiden Händen die Nase reiben.

Meine Hände sind so kalt!
Die Hände aneinander reiben.

Brrr!
Laut „Brrr!" rufen.

Darum müssen wir sie aufwärmen.
Die Hände kräftig reiben.

Meine Beine sind so kalt!
Die Beine reiben.

Brrr!
Laut „Brrr!" rufen.

Darum müssen wir sie aufwärmen und ganz schnell hüpfen.
Hüpfen.

Hurra, jetzt ist uns wieder warm!
Jubeln.

Idee: Tina Scherer

Sterne funkeln

Mitmachgedicht

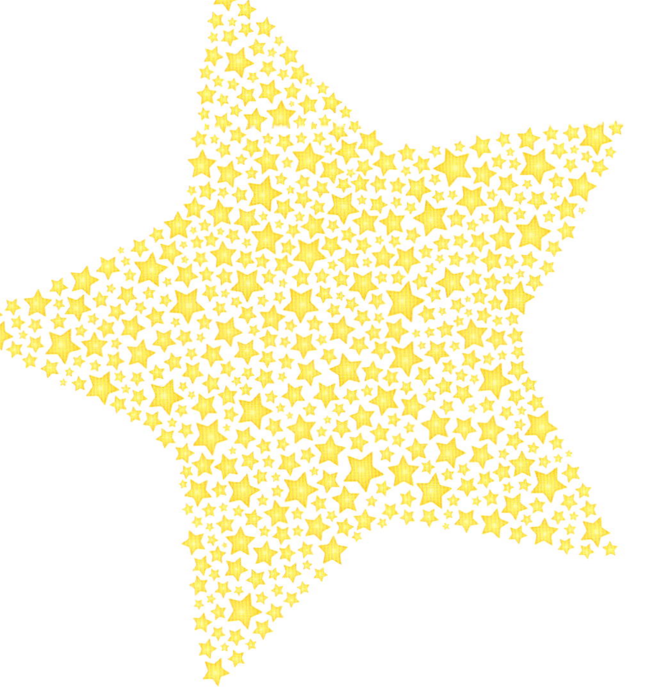

Alter: ab 1 Jahr
Dauer: 5 Minuten

Sterne funkeln, Sterne strahlen,
können Licht am Himmel malen.

Die Hände hochhalten und abwechselnd öffnen und schließen, um das Funkeln darzustellen.

Sterne wandern, Sterne ziehen,
können hoch am Himmel fliehen.

Die Arme heben und hin und her bewegen.

Die Nacht wird durch die Sterne schön,
am Tag jedoch ist nichts zu sehn.

Arme herunternehmen und hinter dem Rücken verstecken.

Idee: Marion Bischoff

Der kleine Eisbär hat einen Traum

Stabtheater

Alter: ab 1 Jahr
Dauer: 15 Minuten

Es war einmal ein kleiner Eisbär, der lebte mit Mama und Papa Eisbär am Nordpol.
Stab mit dem kleinen Eisbären und Stab mit den großen Eisbären hochhalten.

Er hatte viele kleine Eisbärenfreunde, mit denen er spielte.
Stab mit den kleinen Eisbären hochhalten.

Aber der kleine Eisbär hatte einen Traum: Er wollte unbedingt mal einen Pinguin kennenlernen.
Stab mit dem Pinguin hochhalten.

So machte er sich ganz alleine auf den Weg zum Südpol.
Stab mit dem kleinen Eisbären hochhalten.

Mit der Zeit wurde er immer müder und müder und auf einmal schlief er ein.
Stab mit dem schlafenden Eisbären hochhalten.

Mama und Papa Eisbär suchten ihren kleinen Eisbären schon überall.
Stab mit den zwei großen Eisbären hochhalten.

Sie riefen: „Kleiner Eisbär, wo bist du? Kleiner Eisbär, wo bist du?“ Da sahen sie den kleinen Eisbären friedlich auf dem Weg schlafen.
Stab mit dem schlafenden Eisbären hochhalten.

Sie trugen ihn vorsichtig nach Hause. Dort träumt er bestimmt von den Pinguinen.
Stab mit dem kleinen Eisbären und Stab mit dem Pinguin hochhalten.

Das Stabtheater herstellen

Material: Schere, 1 Bild von einem kleinen Eisbären, 1 Bild von mehreren kleinen Eisbären, 1 Bild von zwei großen Eisbären, 1 Bild von einem schlafenden Eisbären, 1 Bild von einem Pinguin, Holzstäbe (Bastelladen oder selbst gesammelt), Laminiergerät und Folie, Heißkleber

Malen oder zeichnen Sie die Eisbärenbilder auf festes Malpapier. Schneiden Sie die Eisbärenbilder aus und laminieren Sie sie für mehr Haltbarkeit. Mit Heißkleber können Sie die einzelnen Bilder an den Holzstäben festkleben. Fertig ist Ihr Stabtheater.

Idee: Michaela Lambrecht

Juhu, wir bauen einen Schneemann

Mitmachgedicht

Alter: ab 2 Jahren
Dauer: 15 Minuten

Schaut mal aus dem Fenster,

Hand an die Augen legen.

es schneit, es schneit, es schneit.

Mit den Fingern das Schneien nachstellen.

Wir bauen einen Schneemann,
ganz groß und dick und breit.

Mit den Händen dicke Kreise in die Luft malen.

Ne dicke, große Kugel

Einen großen Kreis darstellen.

wird unser Schneemannbauch.

Den eigenen Bauch zeigen.

Dann kommt ein dicker Schneeball

Eine große Kugel andeuten.

auf den Bauch darauf.

Auf den eigenen Bauch zeigen.

Und eine dritte Kugel
wird unser Schneemannkopf.

Den eigenen Kopf in die Hände nehmen.

Und oben auf den Schneemann
kommt noch als Hut ein Topf.

Pantomimisch einen Hut aufsetzen.

Als Nächstes kommen Augen
aus Steinen ins Gesicht.

Zwei Finger um die Augen legen wie bei einer Brille.

Der Schneemann steht und wartet,
doch fertig ist er nicht.

Den Kopf schütteln.

Als Nase eine Möhre,
das steht dem Schneemann gut.

Die eigene Nase berühren.

Ein Mund aus kleinen Zweigen,
der lacht unter dem Hut.

Einen lachenden Mund zeigen.

Was fehlt, ist noch ein Besen,
den kriegst du in den Arm.
Ein Schal um deinen Hals noch,
der hält dich sicher warm.

Pantomimisch zeigen, wie ein Schal umgelegt wird.

Ach, lieber Schneemann, sieh nur,
jetzt bist du groß und schön.

Ganz hoch recken.

Wir reichen uns die Hände
und könn'n nach Hause gehn.

An den Händen fassen und auf der Stelle gehen.

Idee: Margot Lindner

Der erste Schnee ist da

Mitmachgeschichte

Alter: ab 2 Jahren
Dauer: 10 Minuten

Hurra! Endlich ist es so weit! Schaut mal aus dem Fenster raus!
Schauende Geste.

Der erste Schnee ist da! Es fallen viele winzig kleine Schneeflocken vom Himmel. Hurra! Bevor wir in den Schnee können, ziehen wir unsere warmen Wintersachen an: eine Schneehose, die Winterstiefel, die warme Jacke, legen einen Schal um den Hals, setzen die Mütze auf den Kopf und ziehen einen Handschuh rechts und einen Handschuh links an.
Pantomimisch Kleidung nacheinander anziehen.

Jetzt geht es endlich raus. Die Schneeflocken fallen leise rieselnd vom Himmel. Wir versuchen, sie zu fangen.
Sich groß machen und dabei spielerisch nach fallenden Schneeflocken greifen.

Wir stampfen durch den Schnee und lassen richtig schöne Fußabdrücke hinter uns.
Durch den Raum stapfen und dabei die Füße bis zu den Knien hochziehen.

Wir formen aus dem Schnee einen Schneeball und werfen ihn ganz weit weg.
Mit den Händen eine Kugel formen und eine werfende Bewegung machen.

Wir entdecken Schlitten und setzen uns drauf. Die Schlitten gleiten durch die verschneite Landschaft. Wir sitzen drauf und genießen die Kurven.
Sich auf den Boden setzen und nach links und nach rechts beugen.

Und zum Schluss bauen wir noch einen großen Schneemann. Er hat einen dicken Bauch und ist ganz rund.
Die kugelige Form des Schneemanns mit den Händen von unten nach oben nachfahren.

Auf dem Kopf hat er einen Topf.
Die flache Hand symbolisch als Topf des Schneemanns auf den Kopf legen.

Langsam wird es uns kalt und wir gehen wieder hinein, um uns aufzuwärmen. Was für ein Spaß im Schnee!

Idee: Anna Neef

Advent

Mitmachgedicht

Alter: ab 2 Jahren
Dauer: 10 Minuten

Wisst ihr denn, dass am ersten Advent
am Adventskranz die erste Kerze brennt?
Drum zünden wir sie jetzt gleich an,
denn in vier Wochen, da kommt der Weihnachtsmann.

Wisst ihr denn, dass am zweiten Advent
am Adventskranz die zweite Kerze brennt?
Drum zünden wir sie jetzt gleich an,
denn in drei Wochen, da kommt der Weihnachtsmann.

Wisst ihr denn, dass am dritten Advent
am Adventskranz die dritte Kerze brennt?
Drum zünden wir sie jetzt gleich an,
denn in zwei Wochen, da kommt der Weihnachtsmann.

Wisst ihr denn, dass am vierten Advent
am Adventskranz die vierte Kerze brennt?
Drum zünden wir sie jetzt gleich an,
denn nächste Woche, da kommt der Weihnachtsmann.

Die Zahlen immer mit den Fingern anzeigen. Anschließend ein imaginäres Streichholz nehmen und damit die jeweilige Zahl Kerzen anzünden. Das Streichholz danach auspusten.

Idee: Leah Schäfer

Plätzchen backen

Mitmachgeschichte

Alter: ab 1 Jahr
Dauer: 15 Minuten

Lisa und Ben wollen Mama helfen, Plätzchen zu backen.
Deshalb waschen sie sich zuerst die Hände. Denn die müssen ja sauber sein *(Hände aneinander reiben, abschütteln und abtrocknen).*

Dann stellen sie alles auf den Tisch, was sie zum Plätzchenbacken brauchen: Mehl *(Arme in Brusthöhe vor den Körper halten und schwer schnaufen),* **Eier** *(Handflächen nach oben drehen und vorsichtig balancieren), Zucker (mit der Faust einen Tütenrand festhalten)* **und Butter** *(ein imaginäres Päckchen in die Hand nehmen).*

Und schon kann es losgehen. Sie geben alle Zutaten auf den Tisch *(Tüten ausschütten, Eier aufschlagen etc.)* **und kneten den Teig** *(mit den Händen Teig kneten).* **Sie müssen sich ganz schön anstrengen** *(weiterkneten, schwer schnaufen).*

Dann rollen sie den Teig mit dem Nudelholz aus *(den Teig zu allen Seiten hin ausrollen).*
Jetzt dürfen die Kinder den Teig ausstechen. Lisa nimmt sich ein Ausstechförmchen mit einem Engel, Ben möchte lieber einen Weihnachtsbaum *(Plätzchen ausstechen).*
Danach wollen beide noch Sterne ausstechen *(noch mehr Plätzchen ausstechen).*

Jetzt holen sie ein Backblech *(mit den Händen ein Backblech formen)* **und legen die Plätzchen vorsichtig darauf** *(mit den Fingerspitzen mehrfach Plätzchen auf das Blech legen).*

Danach öffnet Mama den Backofen *(Backofentür öffnen)* **und Ben und Lisa schieben das Backblech in den Ofen hinein** *(Blech in den Ofen schieben).* **Jetzt müssen sie warten** *(auf den Boden setzen, die Arme aufstützen und den Kopf in die Hände legen).* **Das dauert ganz schön lange. Aber es duftet herrlich!** *(schnuppern und „Mhhh" machen)*

Idee: Leah Schäfer

Dann ist es so weit: Mama öffnet den Backofen und holt die Plätzchen heraus
(Backofen öffnen, Blech herausholen und auf den Tisch stellen).

Sie sagt: „Vorsicht, die Plätzchen sind noch heiß." Lisa und Ben pusten eine ganze Weile *(pusten).* **Dann nimmt sich jeder ein Plätzchen vom Blech und beißt hinein. Wie lecker!**
(Plätzchen vom Blech nehmen, probieren und sich anschließend den Bauch reiben)

Leckere Butterplätzchen

Für den Teig (40 Plätzchen): 125 g Butter, 100 g Zucker, 1 Pck. Vanillezucker, 1 Ei, 200 g Mehl, etwas Mehl für die Arbeitsfläche, Nudelholz, Backblech, Backpapier, Ausstechförmchen

Für die Dekoration: 2 EL Zitronensaft, 6 EL Puderzucker, Zuckerdekor, Pinsel

Die Zutaten zu einem gleichmäßigen Teig verkneten. Anschließend für etwa 30 Minuten in den Kühlschrank legen.
Die Arbeitsfläche mit Mehl bestreuen und den Teig mit einem Nudelholz etwa 5 mm dick ausrollen. Anschließend mit den Ausstechförmchen die Plätzchen aus dem Teig ausstechen und auf das mit Backpapier belegte Backblech legen.
Den Ofen auf 180 Grad (Umluft 160 Grad) vorheizen und etwa 7 bis 10 Minuten backen.
Nach dem Auskühlen den Zitronensaft mit dem Puderzucker verrühren und mit einem Pinsel auf die Plätzchen streichen. Zuckerdekor darüberstreuen.

Was hörst du?

Mitmachgeschichte

Alter: ab 1 ½ Jahren
Dauer: 10 Minuten

Was ist denn das für ein Geräusch. Hört ihr das auch?
Die Hände an die Ohren legen.

Ist das eine Trompete?
Die Hände, wie beim Trompetespielen, vor den Mund halten.

Oder ein Klavier?
Vor dem Körper mit den Fingern Klavier spielen.

Nein, das muss etwas anderes sein. Bestimmt eine Trommel.
Mit beiden Händen auf den Boden trommeln.

Auch das ist nicht das Geräusch. Hört noch einmal genau hin.
Die Hände erneut an die Ohren legen.

Jetzt weiß ich es. Es ist ein Klingeln. Wie von einem Glöckchen.
Den Zeigefinger und den Daumen leicht hin und her bewegen.

Und es wird immer lauter.
Zeigefinger und Daumen schneller hin und her bewegen.

Da, jetzt kann ich es sehen.
Die Hand über die Augen halten.

Es ist ein kleines Rentier mit einem Glöckchen um den Hals. Das läuft durch die Straße und hilft dem Weihnachtsmann, die Geschenke zu bringen.
Einmal in die Hände klatschen.

„Hallo, kleines Rentier, bis bald!"
Winken.

Idee: Leah Schäfer

Watschelnder Frackträger

Mitmachgedicht

Alter: ab 1 Jahr
Dauer: 10 Minuten

Auf einer Scholle ganz aus Eis
steht ein Vogel in Schwarz und in Weiß.

Mit den Armen eine größere Fläche andeuten.

Sein Name ist Carl und seht gut hin,
Carl ist ein kleiner Pinguin.

Die Arme an den Körper pressen, dabei die Handflächen nach unten halten.

Er watschelt den lieben langen Tag,
weil Carl ja so gern watscheln mag.

Durch den Raum watscheln.

Manchmal springt er auch ins Wasser hinein
und fängt sich ein kleines Fischelein.

Nach vorne hüpfen, Schwimmbewegungen machen und mit dem Mund nach vorn schnappen.

Manchmal versucht er auch, eine Fliege zu kriegen,
doch dann plumpst er hin, denn er kann nicht fliegen.

Hochhüpfen, dabei auf dem Popo landen.

Idee: Leah Schäfer

Wir bauen ein Iglu

Mitmachgeschichte

Alter: ab 1 Jahr
Dauer: 10 Minuten

Material
1 weiße Decke

Hurra, heute hat es geschneit!

Die Decke liegt in der Mitte des Sitzkreises. Die Kinder werfen die Hände in die Höhe, jubeln und rufen laut „Hurra!".

Komm, wir wollen ein Iglu bauen!

Mit einer Hand andere zu sich winken.

Wir sammeln ganz viel Schnee!

Mit beiden Händen Handbewegung zum Körper machen.

Wir klopfen den Schnee fest.

Mit den Händen auf den Boden klopfen.

Unser Iglu wird immer größer und größer.

Die Hände ganz weit nach oben strecken.

Plumps, da fällt der Schnee wieder um!

Hände von oben nach unten fallen lassen.

Schade, nun müssen wir noch einmal von vorne beginnen.

Noch einmal bis zu diesem Schritt nachspielen.

So, jetzt ist das Iglu fertig. Komm, wir kriechen hinein!

Die Kinder dürfen unter die Decke kriechen.

Und so geht's:
Dieses Spiel spielen Sie im Sitzen. Auch die ganz jungen Kinder können mitmachen, sofern sie schon allein sitzen können. Legen Sie die Decke in die Mitte Ihres Sitzkreises. Dann geht es los. Die Kinder machen die Bewegungen zum Text mit. Zum Schluss dürfen sie sich unter der Decke verstecken.

Idee: Michaela Lambrecht

Faching

Mitmachgedicht

Alter: ab 2 Jahren
Dauer: 10 Minuten

Hurra, ihr Kinder, es ist so weit.
Jetzt beginnt die Faschingszeit.

Die Arme hochstrecken und jubeln.

Wie wolln wir uns denn heut verkleiden?
Kommt, wir müssen uns entscheiden.

Das Kinn in die Kuhle zwischen Zeigefinger und Daumen legen, nachdenklich schauen.

Ich möchte eine Prinzessin sein.

So tun, als hätte man ein Kleid an, und sich hin und her drehen. Eine Krone aufsetzen.

Und ich ein kleines rosa Schwein.

Auf allen vieren durch den Raum krabbeln und schnüffeln und grunzen.

Ich wäre gern ein Astronaut

Mit den Händen eine Kugel um den Kopf formen, danach mit zwei Händen eine Rakete weit nach oben fliegen lassen.

und ich ein Räuber, der was klaut.

Einen Sack über die Schulter werfen und weglaufen.

Ich gehe heute als Pirat,

Mit einem Säbel fechten.

ich bin eine Schnecke und fresse Salat.

Auf dem Boden kriechen und an einer Stelle anhalten und kauen.

Wir sind ganz verschiedne Leute
und gemeinsam wolln wir feiern heute.

Auf alle Kinder zeigen, danach jubeln.

Idee: Leah Schäfer

In dieser Reihe sind bereits erschienen:

Für die Krippe

Fingerspiele
ISBN: 978-3-96046-084-8

Streichelspiele & Massagegeschichten
ISBN: 978-3-96046-086-2

Für die Kita

Bewegungsspiele
ISBN: 978-3-96046-083-1

Spiellieder & Klanggeschichten
ISBN: 978-3-96046-085-5